I0795369

ANIMAIS MAIS MORTAIS

O GRANDE TUBARÃO-BRANCO

Um livro da Coleção Galhos da Crabtree

Escrito por Amy Culliford

Tradução de Evandro Rodrigues

Crabtree Publishing
crabtreebooks.com

Auxílio Educacional para Professores e Educadores

Este livro de grande interesse foi desenvolvido para motivar alunos dedicados por meio de temas interessantes enquanto adquirem fluência, vocabulário, e um interesse na leitura. Aqui encontram-se algumas perguntas e atividades para auxiliarem o leitor no desenvolvimento de suas habilidades de interpretação de texto.

Antes da Leitura:

- *Sobre o que é este livro?*
- *O que sei sobre este tema?*
- *O que quero saber sobre este tema?*
- *Por que estou lendo este livro?*

Durante a Leitura:

- *Será que...?*
- *Tenho curiosidade de saber...*
- *Qual a semelhança disso com o que eu já sei?*
- *O que aprendi até agora?*

Após a Leitura:

- *O que a autora estava tentando me ensinar?*
- *Quais detalhes existem?*
- *Como as fotografias e os textos me ajudaram a entender mais?*
- *Leia o livro novamente e procure as palavras do vocabulário.*
- *Quais dúvidas eu ainda tenho?*

Atividades Adicionais:

- *De qual parte do livro você mais gostou? Escreva um parágrafo sobre ela.*
- *Faça um desenho do que você mais gostou no livro.*

SUMÁRIO

O GRANDE TUBARÃO-BRANCO

Foi o filme de grande sucesso no verão de 1975, *Tubarão*, que não somente criou uma grande mudança em Hollywood, mas também mudou a percepção do mundo com respeito aos tubarões. O personagem principal era um grande tubarão-branco em proporções gigantescas.

Causava terror em uma praia ao atacar com suas **presas** barqueiros e banhistas locais. Após assistirem ao filme nos cinemas, muitas pessoas tiveram dificuldade de entrar no mar novamente.

SELACOFOBIA É O MEDO DE TUBARÕES.

PREDADOR DO OCEANO

Provavelmente, nenhum outro animal seja mais temido do que o tubarão. Existem mais de 400 espécies de tubarão, e a maioria delas é inofensiva. Mas algumas podem ser perigosas. O grande tubarão-branco é o mais conhecido e um dos tubarões mais perigosos.

Graças ao filme *Tubarão*, esses **predadores** do oceano assombram os pensamentos de muitos que se aventuram no mar.

O GRANDE TUBARÃO-BRANCO É CARNÍVORO, OU SEJA, COME CARNE.

APARÊNCIA ASSASSINA

O grande tubarão-branco tem esse nome devido a sua coloração e seu tamanho. Eles são geralmente cinza-escuros na parte superior e brancos na parte inferior.

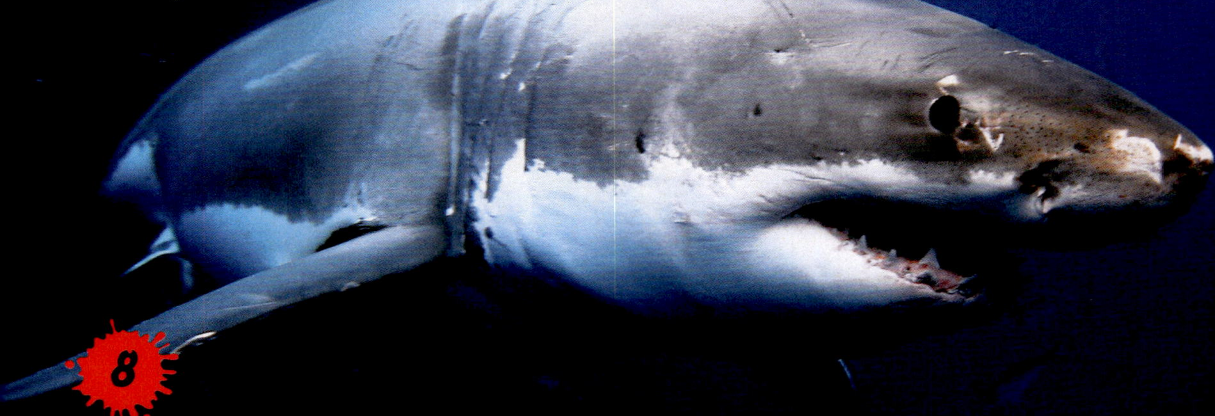

Eles são parte de uma família de tubarões grandes que possuem bicos pontudos e grandes fendas branquiais. O tubarão-branco é o maior peixe predador do oceano.

O GRANDE TUBARÃO-BRANCO É CONHECIDO POR SEU TAMANHO ENORME. O SEU COMPRIMENTO EQUIVALE, NORMALMENTE, A DUAS VEZES A ALTURA DOS HUMANOS – QUATRO METROS, EM MÉDIA. O MAIOR DELES PODE CHEGAR A SEIS METROS DE COMPRIMENTO!

O tubarão-branco possui corpo musculoso, em forma de um torpedo, que proporciona mais velocidade. A sua poderosa cauda ajuda-o a se locomover com pouca resistência na água.

A característica mais marcante, entretanto, é a boca do tubarão. É repleta de dentes afiados e triangulares.

OS DENTES DO GRANDE TUBARÃO-BRANCO SÃO SERRILHADOS, CUJO NOME CIENTÍFICO, CARCHARODON CARCHARIAS, SIGNIFICA DENTE ESFARRAPADO.

O HABITAT DO GRANDE TUBARÃO-BRANCO

O tubarão-branco pode ser encontrado em quase todo lugar nos oceanos do mundo. Ele prefere águas frescas, sejam costeiras ou em alto-mar, especialmente onde vivem focas e outras presas de grande porte.

O tubarão-branco normalmente caça nas proximidades da Austrália, África do Sul, e na costa americana da Califórnia.

AMÉRICA DO NORTE
CALIFÓRNIA
ÁFRICA
ÁFRICA DO SUL
AUSTRÁLIA

PREDADORES OPORTUNISTAS

O tubarão-branco é um predador **oportunista**. A sua alimentação depende do que está disponível na área. Geralmente, ele se alimenta de presas de grande porte, como focas, leões-marinhos, tartarugas-marinhas, pequenas baleias, e peixes. Eles caçam até outros tubarões.

É DIFÍCIL DETERMINAR A EXPECTATIVA DE VIDA DE UM TUBARÃO-BRANCO, MAS CIENTISTAS ACREDITAM QUE ELE VIVA 50 ANOS OU MAIS.

O grande tubarão-branco é uma **espécie fundamental**. Isso significa que ele ajuda a manter os oceanos limpos e saudáveis. Uma forma de ajuda é **catar** cadáveres de animais mortos. Caçar animais marinhos também ajuda a manter essas populações sob controle.

Do bico à cauda, o tubarão-branco bebê é mais alto do que uma criança mediana de 10 anos de idade!

VOCÊ SABIA? A FÊMEA DO TUBARÃO-BRANCO NÃO PÕE OVOS TAL COMO ALGUNS PEIXES. ELA DÁ À LUZ BEBÊS, OS FILHOTES, QUE POSSUEM QUASE UM METRO E MEIO DE COMPRIMENTO!

ARMAS MORTAIS

Arma 1 – Os dentes

Um tubarão-branco possui de cinco a sete fileiras dentárias. A primeira fileira possui em torno de 50 dentes, com várias fileiras se desenvolvendo atrás da primeira. Os dentes são perfeitos para agarrar e rasgar a presa. Quando um dente da fileira frontal se quebra, um dente da segunda fileira se move para frente para substituí-lo.

O TUBARÃO-BRANCO PODE CHEGAR A TER MAIS DE 20 MIL DENTES AO LONGO DA VIDA.

Arma 2—Tamanho

Os maiores tubarões-brancos chegam a medir mais de 6 metros de comprimento e podem pesar até 2.268 kg. Isso é o tamanho de uma caminhonete!

Arma 3–Eletrorreceptores

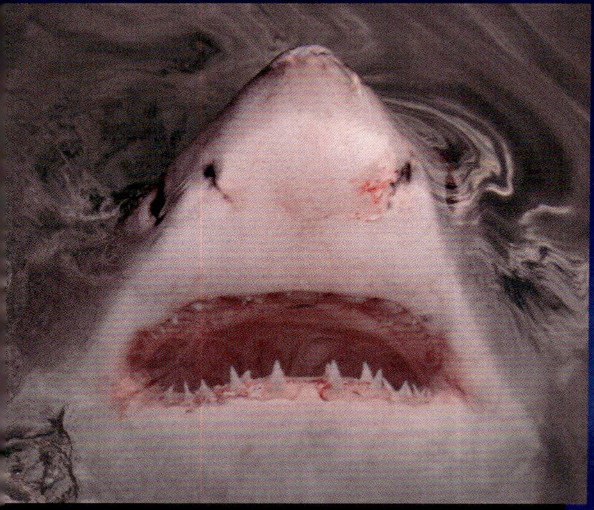

Os tubarões-brancos são caçadores aguçados, graças aos órgãos sensoriais especiais chamados de eletrorreceptores. Esses órgãos minúsculos estão localizados em torno do bico e da mandíbula inferior. São poros gelatinosos alinhados com células semelhantes a pelos. Os órgãos ajudam a detectar as correntes elétricas liberadas na água pela presa.

Arma 4—Velocidade

Nem pense em querer nadar mais rápido que um tubarão-branco. Eles estão entre os predadores mais rápidos do mar. Em tiros curtos, o tubarão-branco pode atingir até 56 km/h. O seres-humanos mais velozes conseguem chegar entre 8 e 10 km/h no mar.

ATAQUE DE TUBARÃO!

Em 1963, Rodney Fox estava participando de um campeonato de caça submarina. Sem avisar, um enorme tubarão-branco se chocou contra ele. Agarrou-o pelo tronco e se recusou e soltá-lo. O tubarão finalmente largou Rodney após o homem ter enfiado seus dedos nos olhos do animal. No entanto, a lesão já havia ocorrido. Rodney sofreu sérias lesões. A mordida deixou-o com enormes feridas abertas, ossos estilhaçados, e danos em seus órgãos internos. Rodney foi levado às pressas ao hospital, tentando sobreviver. Foram precisos 462 pontos para fecharem os ferimentos. Milagrosamente, Rodney se recuperou, embora ele tenha que sempre carregar a cicatriz marcando o contorno da boca do tubarão. Rodney disse que ele ainda tem um dente do tubarão cravado no pulso. Apesar do ataque aterrorizante, ele já estava de volta ao campeonato de caça marinha no ano seguinte.

OBSERVANDO TUBARÕES DE PERTO

Para os cientistas estudarem os tubarões, eles precisam entrar na água. Eles, frequentemente, utilizam gaiolas para observarem espécies de tubarões perigosos, como os tubarões-brancos. As gaiolas reforçadas de metal oferecem um ambiente seguro para um estudo mais próximo do animal.

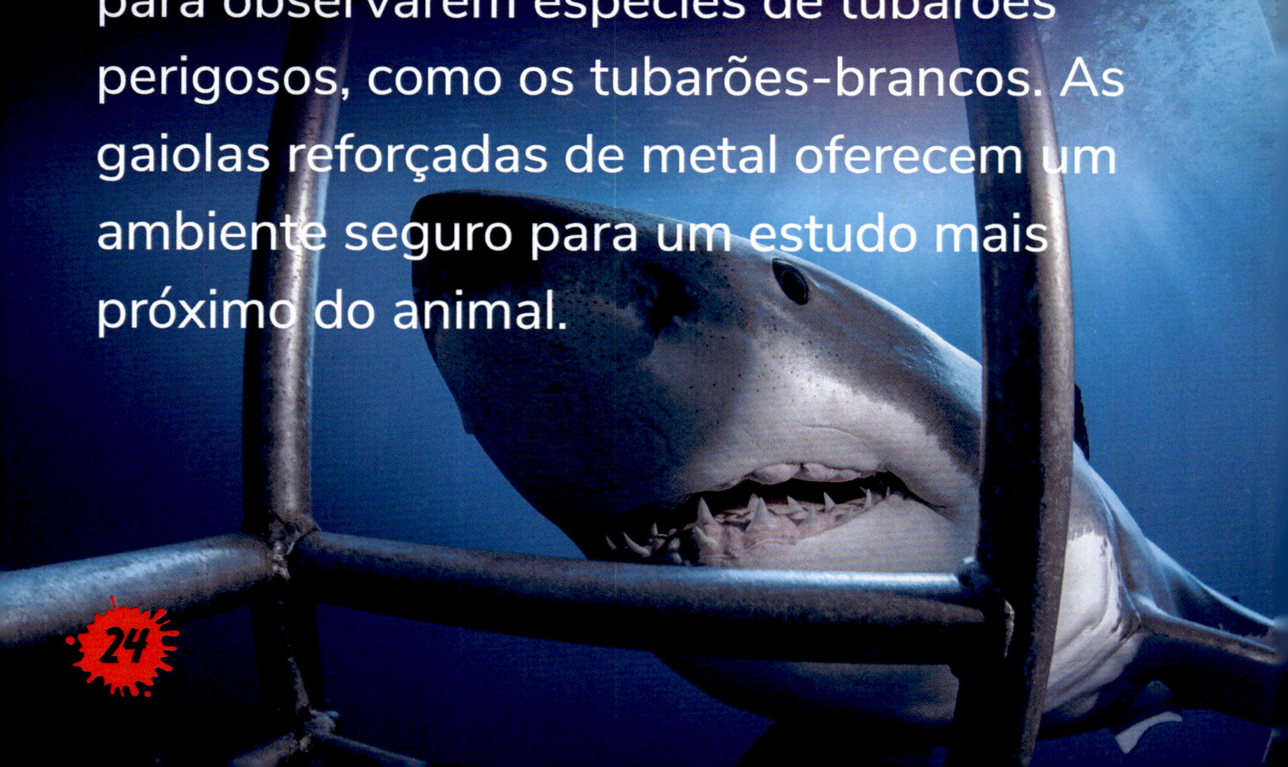

Mergulho em gaiolas é também uma atividade bastante comum em alguns lugares. Os mergulhadores ficam nas gaiolas enquanto **iscas** são jogadas na água, atraindo tubarões para a observação. Equipes de filmagem aquática usam gaiolas, também. É assim que conseguem filmagens incríveis de tubarões para serem assistidas em programas da Semana do Tubarão do Canal Discovery, que vão ao ar todos verões na TV.

RODNEY FOX AJUDOU A EXPLORAR O USO DE GAIOLAS DE SEGURANÇA PARA PROTEGER MERGULHADORES DURANTE A PRESENÇA DE TUBARÕES PERIGOSOS. HOJE, ELE É **AMBIENTALISTA** DE TUBARÕES, E UM DOS PRINCIPAIS ESPECIALISTAS EM TUBARÕES-BRANCOS.

As pessoas entram no mar milhões de vezes todos os anos. Mesmo assim, a cada ano, há geralmente menos do que 100 ataques de tubarões no mundo. Compare esse número aos mais de 100 milhões de tubarões e arraias que são recolhidos todo ano pela **pesca** mundial. É fácil perceber porque os tubarões têm mais a temer as pessoas do que as pessoas a eles.

ATAQUES DE TUBARÕES RESULTAM EM QUATRO MORTES HUMANAS POR ANO, EM MÉDIA.

PREDADOR VITORIOSO

O tubarão-branco é um dos predadores mais **temíveis** da Terra. Com exceção dos humanos, o seu único inimigo natural é a poderosa baleia assassina. Enquanto espécie, o tubarão-branco é tão vitorioso que permanece até hoje praticamente inalterado há milhões de anos. É por isso que o tubarão-branco é um dos animais mais mortais do planeta.

Ataques de tubarões tornam-se manchetes, mas são bem raros. Os cientistas acreditam que a maioria dos ataques a humanos é acidental. Os tubarões praticamente confundem os humanos com uma presa normal.

GLOSSÁRIO

ambientalista (am-bi-en-ta-LIS-ta): pessoa que atua na proteção da vida selvagem e do meio-ambiente

carnívoro (car-NÍ-vo-ro): animal que come carne

catar (ca-TAR): vasculhar detritos em busca de comida

espécie fundamental (es-PÉ-ci-e fun-da-men-TAL): uma espécie em um ecossistema que ajuda a preservar o ecossistema

iscas (IS-cas): alimentos para atrair um animal

oportunista (o-por-tu-NIS-ta): tirar vantagem em uma situação de emergência

pesca (PES-ca): atividade que pesca, processa, e vende peixes

predadores (pre-da-DO-res): animais que caçam e comem outros animais

presas (PRE-sas): o que um animal carnívoro caça para comer

selacofobia (se-la-co-fo-BI-a): medo extremo de tubarões

serrilhados (ser-ri-LHA-dos): ter uma extremidade igual a uma serra

temíveis (te-MÍ-veis): assustadores

Índice Remissivo

Websites para pesquisa

https://kids.nationalgeographic.com/animals/fish/great-white-shark/

https://ocean.si.edu/ocean-life/sharks-rays/great-white-shark

www.natgeokids.com/uk/discover/animals/sea-life/great-white-sharks/

Sobre a Autora

Amy Culliford

Amy Culliford possui bacharelado em Artes Plásticas. Ela trabalha como professora de Artes Cênicas e lidera programas de teatro após as atividades escolares. Ela evita tubarões de qualquer espécie.

Escrito por: Amy Culliford
Tradução de: Evandro Rodrigues
Direção de Arte e Visual: Blue Door Education for Crabtree Publishing
Elaboração da Série: James Earley
Revisão: Melissa Boyce

Fotografias: Cover photo © Alessandro De Maddalena/Shutterstock.com, graphic splat on cover and throughout © Andrii Symonenko /Shutterstock.com,pages 4-5, 14, 15, 18, 19, 28, 29 ocean background © Alexmumu/istockphoto.com, full shark © Grisha Shoolepoff/istockphoto.com, shark fin © DigtialStorm/istockphoto.com, pages 6, 7, 26, 27 ocean background © vitacopS/istockphoto.com, page 6 shark © Howard Chen/istockphoto.com, page 7 shark © slowmotiongli/istockphoto.com, pages 8, 9, 11, 12, 13, 16, 17, 20, 21, 24, 25 ocean background © shevtsovy/istockphoto.com, page 8 shark © Whitepointer/istockphoto.com, fin © DigtialStorm/istockphoto.com, page 9 (top) © RamonCarretero / istockphoto.com, inset photo © solarseven/istockphoto.com, page 10 © atese/istockphoto.com, page 11 (top) ©Peter_Nile/istockphoto.com, (bottom) © BELOW_SURFACE/ istockphoto.com, page 12 © William Buchheit /istockphoto.com, page 13 © USO/istockphoto.com, map © lukbar/istockphoto.com, page 14 shark © Peter_Nile/istockphoto.com, page 15 (top) atese/istockphoto.com, (center and bottom) © USO/istockphoto.com, page 16 © USO/istockphoto.com, page 17 shark © Geerati/istockphoto.com, girl © loco75/ istockphoto.com, page 18 © Mark Kostich/istockphoto.com, page 19 shark © ELizabethHoffmann/istockphoto.com, jaws © geckophoto/istockphoto.com, truck © Vladimiroquai/ istockphoto.com, page 20 both sharks © Alessandro De Maddalena /istockphoto.com, page 21both sharks © RamonCarretero /istockphoto.com, pages 22-23 © Willyam Bradberry/Shutterstock.com, page 24 © atese /istockphoto.com, page 25 © izanbar/istockphoto.com, page 26 © rypson/istockphoto.com, page 27 (top) atese/istockphoto.com, (bottom) © Koichi Yoshii/istockphoto.com, page 28 © Tsvyatko Terziev/istockphoto.com, page 29 (top) © MogensTrolle/istockphoto.com, (bottom) © Nuture/istockphoto.com

A autora gostaria de agradecer a David e Patricia Armentrout pela pesquisa e ajuda de ambos neste projeto.

Crabtree Publishing

crabtreebooks.com 800-387-7650

 No Canadá: agradecemos o apoio financeiro do Governo do Canadá por meio do Canada Book Fund para nosso trabalho editorial.

Printed in the U.S.A./CP2025

Publicado no Canadá
Crabtree Publishing
616 Welland Ave.
St. Catharines, Ontario
L2M 5V6

Publicado nos Estados Unidos
Crabtree Publishing
347 Fifth Ave
Suite 1402-145
New York, NY 10016

Catalogação na Publicação pela Library and Archives Canada
Disponíveis na Library and Archives Canada

Dados de Catalogação na Publicação pela Biblioteca do Congresso
Disponíveis na Biblioteca do Congresso

Hardcover: 978-1-0398-8129-7
Paperback: 978-1-0398-8490-8
Ebook (pdf): 978-1-0398-8249-2
Epub: 978-1-0398-8369-7
Audio: 978-1-0398-8532-5
Read-Along: 978-1-0398-8574-5